Juegos tradicionales

Gabriel García de Oro • Pilarín Bayés

laGalera

1. La rayuela

Para jugar a la rayuela necesitamos una tiza, una piedrecita y entre uno y diez jugadores. ¿Lo tenemos? Cojamos la tiza y dibujemos en el suelo el tablero que ves aquí. ¡Bien grande!, para que nos quepa como mínimo un pie en cada casilla.

Ahora, el primer jugador tendrá que lanzar la piedrecita dentro del cuadrado 1 y recorrer todo el tablero a la pata coja. Solamente podrá apoyar los dos pies en las casillas dobles.

Cuando llegue al final, media vuelta y a deshacer el camino hasta regresar de nuevo al cuadrado 1. Entonces, recoge la piedrecita manteniendo el equilibrio a la pata coja y la lanza dentro del cuadrado 2 para recorrer el tablero como hemos hecho la primera vez.

Ganará quien consiga hacer llegar la piedrecita desde el cuadrado 1 hasta el final. ¡Pero cuidado!, perderemos el turno si la piedrecita no entra en el cuadrado o si perdemos el equilibrio.

2. Un, dos, tres, al escondite inglés

Para este juego necesitamos pocas cosas: una pared y tres o más jugadores.
Primero elegimos al Guardián o la Guardiana, que protegerá la pared. El resto se situarán detrás, formando una línea a unos diez metros de distancia (más o menos entre diez y quince pasos de los tuyos).
El juego empieza cuando el Guardián, de cara a la pared, dice:
—Un, dos, tres, al escondite inglés. Un, dos, tres. ¡Ya!

Mientras tanto, los demás avanzarán hacia la pared con la intención de tocarla antes de que el Guardián termine de contar, porque cuando acabe se dará la vuelta y todos deberán quedarse quietos. Muy, muy quietos.

Si el Guardián ve a alguien moviéndose, lo señalará, dirá su nombre y este jugador deberá retroceder hasta el punto de partida. Ganará quien consiga llegar primero a la pared sin haber sido pillado en movimiento.

3. Piedra, papel o tijera

Piedra, papel o tijera es un juego para dos participantes que se ponen cara a cara y con las manos detrás de la espalda. La partida empieza cuando los dos cantan a la vez:

—Un, dos, tres. Piedra, papel o tijera. Un, dos, tres, ¡ya!

Al terminar, al mismo tiempo, los dos descubren sus manos que podrán estar en forma de:

- Piedra, que representaremos con el puño cerrado.
- Papel, que mostraremos con la mano abierta y los dedos extendidos.
- Tijera, que representaremos con los dedos índice y corazón, en forma de uve.

Para saber quién gana basta con saber que:

1. La piedra gana
a la tijera porque la rompe.

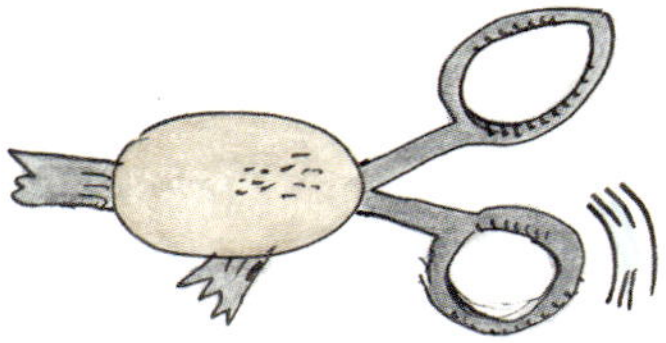

2. La tijera gana
al papel porque lo corta.

3. El papel gana
a la piedra porque la envuelve.

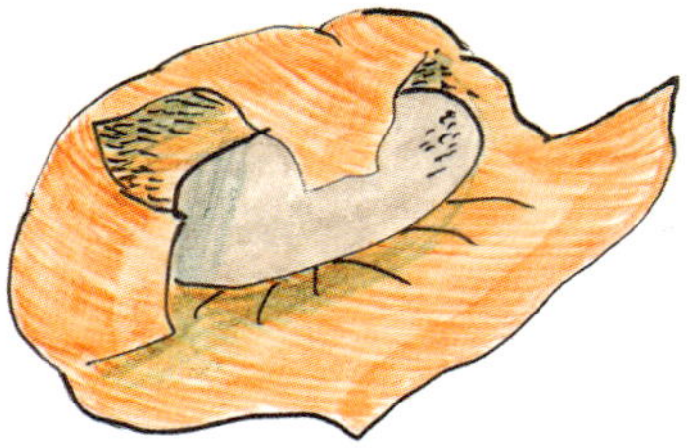

Obtendremos un punto por victoria. Quien más puntos consiga será el ganador.

4. Veo, veo

Podemos jugar al veo, veo en cualquier sitio y con tantos jugadores como queramos. Es muy sencillo. Empezaremos eligiendo al Director o Directora, que mirará a su alrededor, seleccionará un objeto y dirá:

—Veo, veo.

—¿Qué ves? —preguntarán el resto de jugadores.

—Una cosita.

—¿Y qué cosita es?

—Empieza por la letra...

El resto de participantes tendrá que adivinar el objeto que ha visto el Director y del que solo tenemos la pista de la letra por la que empieza. Cuando alguien lo consigue, pasa a dirigir el juego. Si nadie lo adivina, volveremos a empezar.

H

5. Las películas

¿Llueve, estamos aburridos y no sabemos qué hacer? Pues vamos a jugar a las películas. Es muy divertido y solamente necesitamos ser más de dos jugadores. ¿Ya estamos? Pues ahora uno de los jugadores será la Estrella de cine y el resto el Público.

La Estrella de cine piensa en una película y sin decir ni una palabra intentará que el Público adivine de qué película se trata. ¡Pero cuidado! La Estrella no puede decir ni una sola palabra. Solamente podrá hacer gestos, señales, muecas y cualquier cosa que sea mímica, ¡pero sin decir ni mu! Quien adivine la película será la nueva Estrella de cine que intentará, sin palabras, que el Público adivine la película que ha pensado.

6. La gallinita ciega

Jugaremos a la gallinita ciega en un espacio amplio en el que no haya muchos obstáculos con los que podamos tropezar. Necesitaremos un pañuelo y más de cinco jugadores.

Primero elegimos a la Gallinita y le tapamos los ojos con el pañuelo, el resto de jugadores forman un corro a su alrededor y dicen:

–Gallinita, gallinita. ¿Qué has perdido en el pajar?

–Una aguja y un dedal –contestará la Gallinita.

–Da tres vueltas y los encontrarás –dice el corro.

La Gallinita gira tres veces sobre sí misma y con los brazos extendidos intentará pillar a alguien del corro. Cuando lo consiga, la Gallinita le tocará el pelo, las manos, la cara... todo cuanto necesite para adivinar el nombre de quien acaba de atrapar a ciegas. Si lo consigue, el jugador pillado pasa a ser la Gallinita ciega. Si no, sigue el juego hasta que lo acierta.

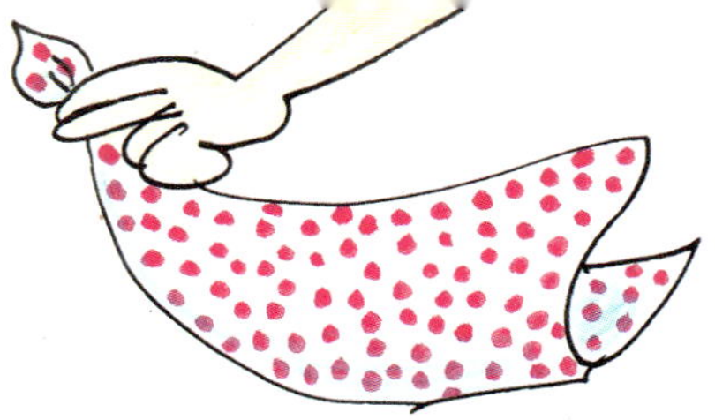

7. El pañuelo

Si somos más de cinco, tenemos una tiza y un pañuelo... ¡ya podemos empezar! Primero escogeremos al Árbitro y haremos dos grupos; cada grupo se reunirá por separado para poner un número a cada uno de los jugadores. Importante: ninguno de los equipos no debe saber qué número tienen los rivales. Luego pintaremos en el suelo dos líneas separadas entre sí por unos 40 metros y cada equipo se pondrá detrás de una línea: será la Zona de Seguridad. En medio se situará el Árbitro, con un pañuelo en la mano.

El juego del pañuelo empieza cuando el Árbitro dice un número, por ejemplo el 3, y los jugadores que tienen el número 3 de cada equipo salen corriendo en busca del pañuelo. Quien coja el pañuelo deberá regresar hasta su Zona de Seguridad sin que el otro jugador le pille. Si lo consigue, será un punto. Si le pillan, será un punto para el otro equipo. Ganará el equipo que más puntos consiga al final de la partida.

8. Tres en raya

El tres en raya es un juego de lápiz y papel para dos participantes. El tablero es tan fácil de dibujar que solamente deberemos hacer cuatro rayas como ves aquí. Uno jugará con el símbolo X y el otro con el símbolo O.

Por turnos, cada jugador irá marcando las casillas del tablero con su símbolo. El vencedor será quien consiga completar una línea horizontal, vertical o diagonal con sus símbolos. Si al no quedar casillas ninguno de los jugadores ha conseguido tener una línea de tres con sus símbolos, habrá un empate. Dibujaremos otro tablero y volveremos a empezar. Cada victoria es un punto y gana quien más puntos consiga.

9. Hundir la flota

La batalla se libra entre 2 jugadores. Cada uno dibuja 2 cuadrículas de 10 X 10 cuadrados con sus coordenadas: números para la fila horizontal, letras para la vertical. Una cuadrícula será azul (el mar), la otra verde (el radar).

En la cuadrícula del mar distribuimos nuestra flota compuesta por 9 barcos:

- Dos portaaviones, hechos con 5 cuadrados.
- Tres buques, 3 cuadrados.
- Tres corbetas, 2 cuadrados.
- Una lancha, 1 cuadrado.

Disparamos por turnos en los que cada jugador da una coordenada, por ejemplo B2. Si acertamos, el otro jugador dirá: «**¡Tocado!**». Si no acertamos, dirá: «**¡Agua!**». Cuando ya no quedan cuadrados de un barco se dice: «**¡Tocado y hundido!**».

Usaremos la cuadrícula del radar para anotar las coordenadas en las que ya hemos disparado. Así sabremos donde hay agua y donde hay partes de un barco. Gana el primero en hundir toda la flota enemiga.

10. Churro, mediamanga, mangotero

Se forman dos grupos. Uno es el **Equipo** que formará una especie de alargado lomo de caballo, tal y como ves en el dibujo. El otro es el **Equipo que salta**. El **Equipo que salta** irá saltando, uno

por uno, y tratando de llegar lo más adelante posible, porque los jugadores deberán quedarse en el sitio donde caen. Si alguno cae, pasan a ser el **Equipo** que hace de caballo. Si lo consiguen, el primer jugador que ha saltado dirá: «Churro, mediamanga, mangotero, adivina qué es lo primero». Y mientras dice estas palabras se tocará

el antebrazo (**churro**), el brazo (**mediamanga**) o el hombro (**mangotero**). Los miembros del **Equipo** que hace de caballo, excepto el que está apoyado en la pared, deberán adivinar si es churro, mediamanga o mangotero. Si lo adivinan, serán ellos los que salten. Si no, seguirán haciendo de caballo.

ASNO VICENSE
DONKEY OF VIC
CABALLO BRETÓN
BRETONIAN HORSE
CABALLO ANDALUZ
ANDALUSIAN HORSE
¡Ay!
ROYAL
ASCOT
HIPPODROME
TOTORA FILMS PRESENTA
TROYA
FERIA

Primera edición: marzo del 2014

Diseño y maquetación: Estudi Claris
Edición: David Monserrat
Coordinación editorial: Anna Pérez i Mir
Dirección editorial: Iolanda Batallé Prats

La Galera, SAU Editorial
Josep Pla, 95 – 08019 Barcelona
www.editorial-lagalera.com
lagalera@galeraeditorial.com
facebook/editoriallagalera.com
twitter/editorialgalera.com

ISBN: 978-84-246-5178-7
Impreso en Cachiman
Rec del molinar, 6. 08160 Montmeló

Depósito legal: B.1.409-2014
Impreso en la UE